Math. Lempertz GmbH
Hauptstraße 354
53639 Königswinter
Tel.: 02223 / 90 00 36
Fax: 02223 / 90 00 38
info@edition-lempertz.de
www.edition-lempertz.de

www.facebook.com/MIXtippRezepte

Lektorat: Annemarie Ulrich, Melanie Quandt-Lützner
Layout/Satz: Jeanette Frieberg, Buchgestaltung | Mediendesign, Leipzig
Gesamtherstellung: Print Consult GmbH, München

Printed and bound in: Slovenia

ISBN: 978-3-96058-423-0

FSC
www.fsc.org
MIX
Papier aus verantwortungsvollen Quellen
FSC® C084279

Fotos: © Peter Widera: S. 6, 7, 10, 11, 14, 28, 42, 72, 86, 108
Rezeptfotos: © Elvira Flohr
Umschlagvorderseite und -rückseite: © Elvira Flohr, © Peter Widera

Genussküche

AUS DEM THERMOMIX®

LEMPERTZ

Inhalt

Salate

Suppen & Eintöpfe

Hauptgerichte

Backen – Low Carb & zuckerfrei

Backen – Herzhaft und süß

Getränke

Einleitung

Hallo ihr Lieben, ich bin Elvira Flohr, Thermomixerin und Mama von 4 wundervollen Kindern. Ich wurde 1983 in Kasachstan geboren und bin im Alter von 5 Jahren mit meiner Familie nach Deutschland ausgewandert.

Meine Mutter und meine drei Schwestern standen, soweit ich mich erinnern kann, schon immer gern in der Küche und ich habe ihnen nicht nur mit großem Interesse zugesehen, sondern auch geholfen. Die Küche war unser Lebensmittelpunkt und so bin ich mit der russischen Küche groß geworden. Ein gewisser »russischer Touch« findet sich daher auch in vielen meiner Rezepte wieder.

Mit 30 bekam ich zufällig die Chance, mein Hobby – das Kochen – zum Beruf zu machen. Da ich schon immer ein kreativer Mensch war, konnte ich nun meine Experimentierfreude beim Kochen und Backen mit der mir damals noch unbekannten Küchenmaschine Thermomix® kombinieren. Irgendwann entschied ich mich, meine Lieblingsrezepte aufzuschreiben, zu fotografieren und zu veröffentlichen. Und so entstand mein Blog »Flohrs Mixwelt« und damit

eine ganz neue Möglichkeit für mich, persönlich und professionell zu wachsen.

Was anfangs als reiner Spaß aus meiner Thermomix®-Begeisterung heraus begonnen hatte, entwickelte sich dann in den letzten Jahren zu einer großen Leidenschaft, der ich täglich mit viel Herzblut nachgehe. Inzwischen sind sowohl mein Instagram Kanal als auch mein Foodblog zu einem sehr beliebten Anlaufpunkt (nicht nur) für Thermomix®-Fans geworden. Das Feedback meiner Follower hilft mir auch beim Entwickeln neuer Rezepte und beim Interpretieren bekannter Klassiker. Es ist für mich ein großartiges Gefühl, täglich so viele Menschen mit meinen Rezepten glücklich machen zu dürfen!

Ich werde immer wieder gefragt: »Kann man deine Rezepte in einem Kochbuch finden?« oder »Wann veröffentlichst du endlich ein Buch?« Damit war die Idee geboren, ein Kochbuch mit meinen eigenen Rezepten herauszubringen. Als sich mir die Gelegenheit bot, habe ich diese neue kreative Herausforderung ergriffen, um meine Rezepte noch besser mit euch teilen zu können.

Und nun könnt ihr es in den Händen halten, mein erstes Kochbuch mit einer bunten Auswahl meiner Lieblingsrezepte!

Ich wünsche euch viel Freude beim Nachkochen meiner Rezepte – lasst euch von meinen Ideen inspirieren.

Liebe Grüße
Elvira Flohr

Elviras Tipps und Tricks

Sahne schlagen im Thermomix®

Wichtig ist, dass der Mixtopf sauber, fettfrei, trocken und kalt ist.

Die benötigte Zeit für das Schlagen der Sahne ist abhängig vom Fettgehalt und Kühlungsgrad der Sahne sowie der Menge.

So geht's!

Gewünschte Menge der Sahne (direkt aus dem Kühlschrank) in den Mixtopf geben.

- ➜ Minimum 150 g Sahne
- ➜ Maximum 1000 g Sahne
- ➜ 150 g–400 g Sahne mit eingesetztem Schmetterling 40–80 Sekunden / Stufe 4 mit Sichtkontakt aufschlagen.
- ➜ 500 g–1000 g Sahne ohne Schmetterling 10–30 Sekunden / Stufe 5–7 mit Sichtkontakt aufschlagen.

Die Zeit gegebenenfalls im 5 Sekunden-Takt verlängern. Die Sahne ist fertig geschlagen, wenn das Messer ins Leere läuft und die Sahne in sich zusammenfällt.

Eischnee schlagen im Thermomix®

Was viele nicht kennen, ist das Geheimnis eines voluminösen Eischnees. Denn es zählt nicht allein die Schlagdauer, sondern auch die Temperatur und die liegt idealerweise bei 37°C. Zusätzlich sorgt eine kleine Prise Salz für mehr Stabilität.

Pro Eiweiß dauert das Steifschlagen 1 Minute. Bei 2 Eiweiß dauert der Vorgang dementsprechend 2 Minuten, bei 3 Eiweiß 3 Minuten usw.

So geht's!

1. Eiweiß und Eigelb voneinander trennen, Schmetterling in den Mixtopf einsetzen.
2. Eiweiß und eine Prise Salz in den gereinigten Mixtopf geben.
3. Pro Eiweiß 1 Minute / 37°C / Stufe 4 zum schnittfesten Eischnee aufschlagen, fertig.

Thermomix®-Temperatur 1x1

Der optimale Umgang mit den Temperaturen ist sehr wichtig für das Gelingen der Rezepte. Welche Temperatur richtig ist, um z. B. Schokolade im Thermomix® zu schmelzen, erfährst du hier.

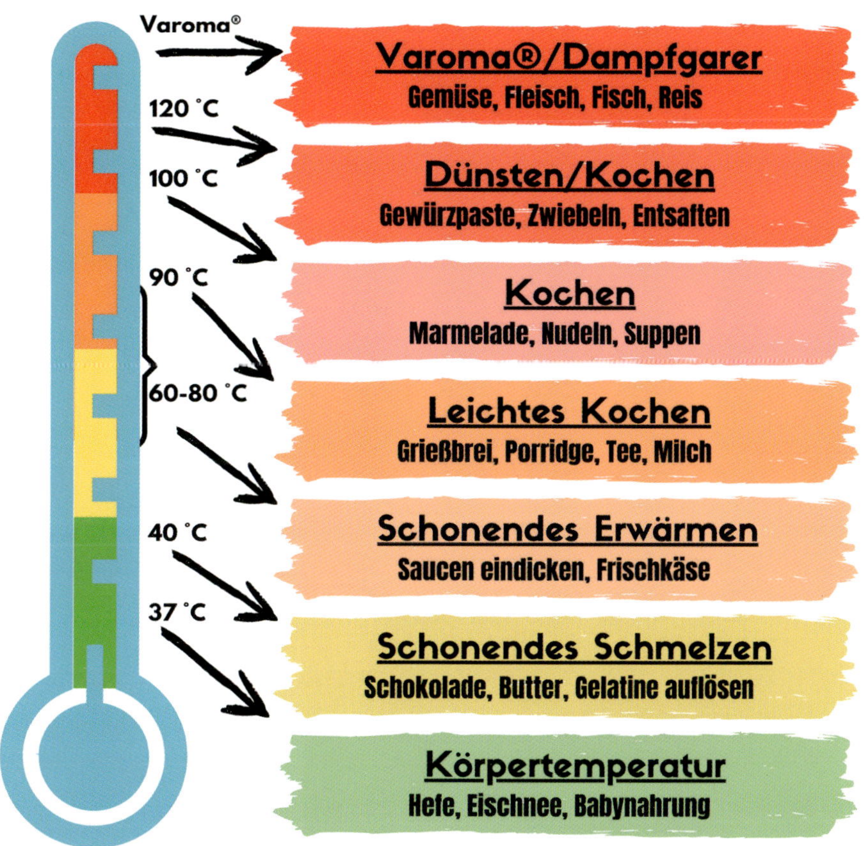

Thermomix®-Stufen

Die passende Geschwindigkeit und Funktion zum Mahlen, Mixen, Rühren, Zerkleinern und Emulgieren kann man am Wählkreis des Thermomix® ganz einfach selbst einstellen. Hier einmal ein Überblick, welche Stufe wofür gut ist:

Sanftrührstufe
(schonender Rührvorgang)
z. B.
- Eintopf
- Pasta
- Grießbrei
- Joghurt mit Früchten

Stufe 1–3
(leichtes–mittleres Mixen, Zerkleinern von weichen Nahrungsmitteln)
z. B.
- Pilze
- Tomaten
- Sahne
- Eischnee

Stufe 4–6
(starkes Mixen und Zerkleinern von harten Nahrungsmitteln, Emulgieren)
z. B.
- Kartoffelpuffer
- Rohkost
- Zwiebeln
- Saucen + Mayonnaise
- Kürbisse

Stufe 7–8
(Hacken und feines Zerkleinern von Nahrungsmitteln)
z. B.
- Nüsse
- Paniermehl
- Kräuter

Stufe 9–10
(Mahlen und Pulverisieren, Pürieren)
z. B.
- Smoothies
- Shakes
- Cremesuppen
- Puderzucker
- Kaffeebohnen
- Getreidekörner
- Gewürzmischungen

Kräuter hacken mit dem »laufenden Messer«

Genial, einfach und einer meiner besten Tricks!

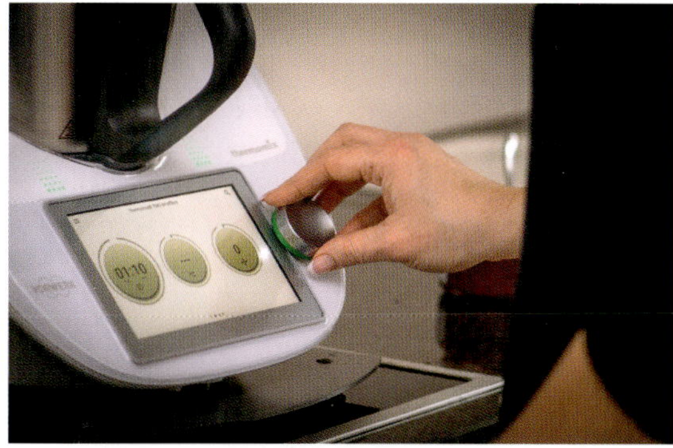

Kennst du das? Die Kräuter sind noch nicht fein genug und die Knoblauchzehe hängt unter dem Messer fest und wurde nicht zerkleinert? Mit diesem Trick haben die Zutaten keine Chance mehr, sich unter dem Messer zu verstecken, denn sie müssen erst am laufenden Messer vorbei.

Egal, ob Kräuter, Knoblauch, Ingwer, Chili oder andere kleine Zutaten, die gleichmäßig fein gehackt werden sollen, mit diesem Trick habt ihr die perfekte Lösung!

So geht's!

1. Thermomix® ohne Zeitangabe auf Stufe 9 stellen.
2. Die zu zerkleinernden Zutaten durch die Deckelöffnung in das laufende Messer (in den Mixtopf) geben.
3. Sobald das Messer ins Leere läuft, den Zerkleinerungsvorgang beenden und fertig!

Sogar die Kräuterstiele haben keine Chance und ich erhalte so seit Jahren die besten Ergebnisse!

Gewürzpaste

2 Einmachgläser
Zubereitungszeit: 55 Minuten

Utensilien:
2 saubere Einmachgläser

60 g Parmesan, in groben Stücken
100 g Zwiebeln, halbiert
100 g Rote Bete, frisch, in Stücken
150 g Zucchini, in Stücken
150 g Porree, geputzt, in Stücken
200 g Möhren, geschält, in Stücken
200 g Knollensellerie, geschält, in Stücken
4–6 Knoblauchzehen
50 g weiße Champignons, geputzt, halbiert oder geviertelt
1 Tomate, halbiert
50 g Kräuter (Petersilie, Basilikum, Rosmarin, Thymian), abgezupft
30 g Kräuteressig
20 g neutrales Öl
150 g grobes Salz

1. Parmesan in Stücken in den Mixtopf geben, **15 Sekunden/Stufe 10** zerkleinern und umfüllen.

2. Zwiebelhälften, Rote Bete, Zucchini, Porree, Möhren und Sellerie in Stücken in den Mixtopf geben, mithilfe des Spatels **15 Sekunden/Stufe 8** zerkleinern. Die Reste mit dem Spatel nach unten schieben.

3. Knoblauch, Champignons, Tomatenhälften und abgezupfte Kräuter in den Mixtopf dazugeben, mithilfe des Spatels **10 Sekunden/Stufe 8** zerkleinern. Die Reste wieder mit dem Spatel nach unten schieben.

4. Kräuteressig, Öl und Salz in den Mixtopf zugeben, **35 Minuten/Varoma/Stufe 2** ohne Messbecher, dafür mit dem Garkörbchen als Spritzschutz, einkochen.

5. Nach dem Kochen Parmesan dazugeben, Messbecher einsetzen, **1 Minute/Stufe 5** pürieren.

6. Gewürzpaste in sterile Einmachgläser umfüllen und im Kühlschrank bis zu 6 Monate aufbewahren.

Dosierung der Gewürzpaste:

2 TL Gewürzpaste = 1 Würfel Gemüsebrühe
1–2 TL Gewürzpaste für 500 g Flüssigkeit verwenden

Salate

Kartoffelsalat mit Crème fraîche und Ajvar

Fett 12,5 g
KH 39,3 g | Eiw 5 g
Pro Portion
284 kcal

5 Portionen
Zubereitungszeit: 40–45 Minuten

800 g Kartoffeln, festkochend, geschält, in Scheiben
500 g Wasser
1 TL Salz
1 Knoblauchzehe
1 Handvoll Petersilie, Blätter abgezupft
3 Paprika, rot, in Stücken
100 g Gewürzgurken
200 g Crème fraîche, 30 % Fett
1 EL Ajvar
Salz & Pfeffer

1. Kartoffeln schälen und vorab schon in Scheiben schneiden.

2. Wasser und Salz in den Mixtopf geben.

3. Die Kartoffelscheiben ins Garkörbchen geben und **25 Minuten / Varoma / Stufe 1** kochen. Nach dem Kochen eine Garprobe machen und gegebenenfalls die Kochzeit um **5 Minuten** verlängern.

4. Die fertigen Kartoffeln in eine Salatschüssel umfüllen. Den Mixtopf leeren.

5. Knoblauch und Petersilie **ohne Zeitangabe** ins laufende Messer auf **Stufe 9** geben, zerkleinern und zu den Kartoffeln in die Schüssel geben.

6. Paprikastücke und Gewürzgurken in den Mixtopf geben, **5 Sekunden / Stufe 5** zerkleinern und zu den Kartoffeln umfüllen.

7. Crème fraîche, Ajvar, sowie etwas Salz und Pfeffer in den Mixtopf geben und **10 Sekunden / Stufe 4** mischen.

8. Die Sauce abschmecken, über die Kartoffelscheiben geben und gut vermischen.

Fleischsalat mit Kurkuma

10 Portionen
Zubereitungszeit: 15 Minuten | Ziehzeit: 1 Stunde

1 große rote Zwiebel, halbiert
1 Handvoll Petersilie und Basilikum, Blätter abgezupft
20 g Sonnenblumenöl
400 g Hähnchen-Fleischwurst, in Stücken
200 g Gewürzgurken, in Stücken
80 g Mayonnaise, 80 % Fett
100 g Frischkäse, Doppelrahmstufe
200 g Schmand, 24 % Fett
1 TL Salz
1 TL Pfeffer
optional 1 TL Kurkuma

1. Zwiebelhälften, sowie Petersilie und Basilikum in den Mixtopf geben, **5 Sekunden / Stufe 5** zerkleinern. Die Reste mit dem Spatel nach unten schieben.

2. Öl dazugeben und **2 Minuten / Varoma / Stufe 1,5** dünsten.

3. Fleischwurst und Gewürzgurken in Stücken in den Mixtopf dazugeben und **5 Sekunden / Stufe 5** zerkleinern. Die Reste mit dem Spatel nach unten schieben.

4. Mayonnaise, Frischkäse, Schmand, sowie Salz, Pfeffer und Kurkuma zugeben, **35 Sekunden / Linkslauf / Stufe 3,5** vermischen.

5. Vor dem Servieren den Salat **1 Stunde** im Kühlschrank ziehen lassen.

Tipp: Wie vom Metzger, nur um einiges besser. So lecker und einfach kann man den Fleischsalat mit dem Thermomix® selbst machen! Einfach eine cremige Versuchung.

Cremiger Nudelsalat

4 Portionen
Zubereitungszeit: 15 Minuten

500 g Gobbetti-Nudeln
1 Salatgurke, in Stücken
1 Knoblauchzehe
1 Bund Petersilie, Blätter abgezupft
1 TL Salz und etwas Pfeffer
200 g Crème fraîche
50 g Mayonnaise, 80 % Fett

1. Die Nudeln im Kochtopf mit etwas Salz nach Packungsanweisung bissfest kochen und abgetropft abkühlen lassen.

2. Gurke in Stücken, Knoblauchzehe und Petersilie in den Mixtopf geben, **5 Sekunden / Stufe 5** zerkleinern und die Reste mit dem Spatel nach unten schieben. Salz, Pfeffer, Crème fraîche und Mayonnaise dazugeben, **20 Sekunden / Linkslauf / Stufe 3** vermischen.

3. Nudeln dazugeben und mithilfe des Spatels, **10 Sekunden / Linkslauf / Stufe 2** vermischen.

Tipp: Der Salat kann gerne noch mit Feta-Würfeln und Rucola verfeinert werden.

Erbsen-Kartoffelsalat

Fett 18,9 g
KH 34,7 g | Eiw 10,3 g
Pro Portion
357 kcal

6 Portionen
Zubereitungszeit: 55 Minuten

500 g Wasser
4 Eier, Größe M
800 g Kartoffeln, festkochend
1 Zwiebel, halbiert
100 g saure Gurken
200 g Saure Sahne, 10 % Fett
100 g Mayonnaise, 80 % Fett
Salz und Pfeffer
1 große Dose Erbsen à 280 g, abgetropft

1. Wasser in den Mixtopf geben, Garkörbchen einhängen und die Eier hineinlegen. Varomabehälter aufsetzen und Kartoffeln mit Schale hineingeben, **40 Minuten / Varoma / Stufe 2** kochen.

2. Nach dem Kochen die Kartoffeln und die Eier mit kaltem Wasser abschrecken und pellen. Mithilfe eines Eierschneiders die Kartoffeln und die Eier in Würfel schneiden und in eine Schüssel geben.

3. Zwiebelhälften und Gewürzgurken in den Mixtopf geben, **5 Sekunden / Stufe 5** zerkleinern. Die Reste mit dem Spatel nach unten schieben. Saure Sahne, Mayonnaise, Salz und Pfeffer in den Mixtopf geben, **20 Sekunden / Stufe 3** verrühren. Die Sauce über die Kartoffeln und die Eier geben. Die Erbsen abtropfen lassen, dazugeben und gut miteinander vermischen.

Spitzkohl-Möhren-Salat

4 Portionen
Zubereitungszeit: 15 Minuten

1 Spitzkohl, ca. 500 g, in Stücken
200 g Möhren, geschält, in Stücken
1 Zwiebel, halbiert
5 g getrocknete Salatkräuter oder 1 Handvoll frische Kräuter
100 g Mayonnaise, 80 % Fett
100 g Saure Sahne, 10 % Fett
5 g Senf
10 g Zucker
10 g Kräuteressig
1 TL Salz
½ TL Pfeffer
2 Handvoll Walnüsse, optional

1. 250 g Spitzkohl in Stücken in den Mixtopf geben, **7 Sekunden / Stufe 3,5** zerkleinern und umfüllen. Diesen Schritt mit den nächsten 250 g Spitzkohl wiederholen und umfüllen. Danach die Möhren in den Mixtopf geben, **10 Sekunden / Stufe 4** zerkleinern und zum Spitzkohl umfüllen. Zwiebelhälften in den Mixtopf geben, **5 Sekunden / Stufe 5** zerkleinern und zum Gemüse geben.

2. Kräuter, Mayonnaise, Saure Sahne, Senf, Zucker, Kräuteressig, Salz und Pfeffer in den Mixtopf geben, **20 Sekunden / Stufe 4** verrühren. Dann das Dressing über den Salat geben und vermischen.

3. Wenn gewünscht, 2 Handvoll Walnüsse dazugeben und vermengen.

Krautsalat

4 Portionen
Zubereitungszeit: 10 Minuten

1 kleine Zwiebel, halbiert
1 Möhre, geschält, in Stücken
1 Handvoll Petersilie, Blätter abgezupft
350 g Weißkohl, in Stücken
1 Apfel, ungeschält, in Stücken
10 g Zucker
20 g neutrales Öl
15 g Kräuteressig
1 TL Salz
etwas Pfeffer

1. Zwiebelhälften, Möhre und Petersilie in den Mixtopf geben und **5 Sekunden/Stufe 5** zerkleinern. Die Reste mit dem Spatel nach unten schieben.

2. Weißkohl- und Apfelstücke, Zucker, Öl, Kräuteressig, Salz und Pfeffer hinzugeben und mithilfe des Spatels **7 Sekunden/Stufe 4** zerkleinern und vermengen.

Tipp: Der Salat kann sofort verzehrt werden, schmeckt aber auch gut, wenn man ihn etwas ziehen lässt.

Suppen &
Eintöpfe

Soljanka

4 Portionen
Zubereitungszeit: 45 Minuten

150 g Salami, in Stücken
150 g Geflügelwurst, in Stücken
100 g Schinkenwürfel
200 g Kartoffeln, vorw. festkochend, geschält, in Stücken
1 Paprika, rot, in Stücken
100 g Gewürzgurken
2 Zwiebeln, halbiert
1 Bund Petersilie, Blätter abgezupft
1 Knoblauchzehe
1 Stange Porree, geputzt, in Stücken
30 g neutrales Öl
500 g Wasser
100 g Tomatenmark
1 TL Gewürzpaste (siehe S. 13)
80 g Ajvar
etwas Crème fraîche

1. Die gesamte Wurst in Stücken und die Schinkenwürfel in den Mixtopf geben, **5 Sekunden / Stufe 5** zerkleinern und umfüllen.

2. Kartoffeln, Paprika und Gewürzgurken in den Mixtopf geben, **5 Sekunden / Stufe 5** zerkleinern und umfüllen.

3. Zwiebelhälften, Petersilie, Knoblauch und Porree in den Mixtopf geben, **5 Sekunden / Stufe 5** zerkleinern. Die Reste mit dem Spatel nach unten schieben. Öl dazugeben und **3 Minuten / 120°C / Linkslauf / Stufe 1** garen.

4. Nun die Wurst und das Gemüse wieder in den Mixtopf geben. Ebenfalls Wasser, Tomatenmark, Gewürzpaste und Ajvar hinzufügen, **30 Minuten / 100°C / Linkslauf / Stufe 2** kochen. Die Soljanka mit etwas Crème fraîche verfeinern und genießen.

Tipp: Dieses Gericht ist eine gute Resteverwertung der Wurst im Kühlschrank.

Reis-Gemüse-Hühnersuppe

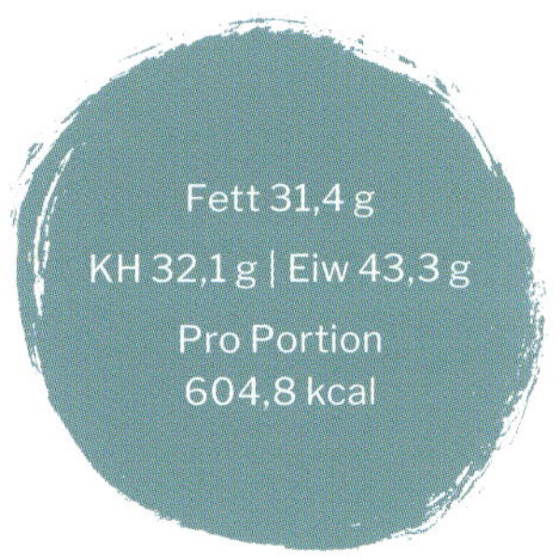

4 Portionen
Zubereitungszeit: 1 Stunde 20 Minuten

1 Zwiebel, halbiert
1600 g Wasser
1 ½ TL Salz
½ TL Pfeffer
2 Lorbeerblätter
3–4 Hähnchenschenkel
100 g Knollensellerie, geschält, in Stücken
2 TL Gewürzpaste (siehe S. 13)
80 g Reis eurer Wahl
200 g Kartoffeln, festkochend, geschält, in kleinen Stücken
150 g Möhren, geschält, in dünnen Scheiben
etwas Petersilie, gehackt, optional

1. Zwiebelhälften in den Mixtopf geben, **5 Sekunden/Stufe 5** zerkleinern. Wasser, Salz, Pfeffer und die Lorbeerblätter in den Mixtopf dazugeben.

2. Hähnchenschenkel in den Gelenken teilen und mit Selleriestücken in den Varomabehälter legen. Varomabehälter aufsetzen, **45 Minuten/Varoma/Stufe 1** garen. Hähnchenschenkel und Sellerie zum Abkühlen umfüllen.

3. Gewürzpaste in den Sud geben und das Garkörbchen einhängen. Reis, Kartoffeln und Möhren in das Garkörbchen geben, **20 Minuten/Varoma/Stufe 1** kochen.

4. In der Zwischenzeit mithilfe von 2 Gabeln das Fleisch in kleinen Stücken vom Hähnchen lösen. Sellerie in kleine Würfel schneiden.

5. Nach Ablauf der Kochzeit Reis, Kartoffeln und Möhren aus dem Garkörbchen in den Mixtopf umfüllen. Ebenfalls das Hähnchenfleisch und den Sellerie dazugeben und umrühren. Vor dem Servieren die Lorbeerblätter entfernen. Die Suppe mit gehackter Petersilie garnieren und servieren.

Gemüseeintopf mit Würstchen

6 Portionen
Zubereitungszeit: 60 Minuten

1 Zwiebel, halbiert
½ Bund frische Petersilie, Blätter abgezupft
50 g Butter
1 TL Gewürzpaste (siehe S. 13)
400 g Möhren, geschält, in Stücken
1 Paprika, rot, in Stücken
100 g Selleriestange, in Stücken
1000 g Wasser
500 g Kartoffeln, vorwiegend festkochend, geschält, in Würfeln
200 g Kohlrabi, in Würfeln
6 Wiener Würstchen, in Scheiben
½ TL Salz
½ TL Pfeffer
½ TL Muskatnuss
etwas Crème fraîche

1. Zwiebelhälften und Petersilie in den Mixtopf geben, **5 Sekunden / Stufe 5** zerkleinern und mit dem Spatel nach unten schieben.

2. Butter und Gewürzpaste hinzugeben, **3 Minuten / 120°C / Stufe 2** dünsten.

3. Möhren, Paprika und Sellerie in den Mixtopf geben und **5 Sekunden / Stufe 5** zerkleinern. Die Reste mit dem Spatel nach unten schieben. Wasser hinzugeben.

4. Varomabehälter aufsetzen, Kartoffeln und Kohlrabi in mundgerechte Würfel schneiden und einwiegen. Wiener Würstchen in Scheiben, Salz, Pfeffer und Muskatnuss in den Varomabehälter geben und verschließen, **40 Minuten / Varoma / Stufe 1** garen.

5. Nach der Garzeit den Varoma vorsichtig vom Mixtopf nehmen, Kartoffeln, Kohlrabi und Würstchen in den Mixtopf dazugeben und den Eintopf mit dem Spatel gut vermischen. Den Eintopf noch mal abschmecken.

6. Zum Schluss die Suppe mit etwas Crème fraîche servieren.

Tipp: Dieser Eintopf schmeckt am nächsten Tag noch besser.

Linsensuppe mit geräucherten Würstchen

Fett 31,4 g
KH 45,6 g | Eiw 19,3 g
Pro Portion
539 kcal

6 Portionen
Zubereitungszeit: 55 Minuten

2 Zwiebeln, halbiert
30 g Pflanzenöl
50 g Tomatenmark
300 g Kartoffeln, vorwiegend festkochend, geschält, in Stücken
100 g Möhren, geschält, in Stücken
1500 g Wasser
250 g rote Linsen
1 TL Salz
½ TL Pfeffer
1 TL Paprikapulver, edelsüß
2 TL Gewürzpaste (siehe S. 13)
200 g Sahne, 30 % Fett
300 g geräucherte Rinderwürstchen, in Scheiben
etwas Balsamico-Creme

1. Zwiebelhälften in den Mixtopf geben, **5 Sekunden/Stufe 5** zerkleinern und mit dem Spatel nach unten schieben. Öl und Tomatenmark dazugeben, **2 Minuten/120 °C/Stufe 1** andünsten.

2. Kartoffeln und Möhren dazugeben, **5 Sekunden/Stufe 5** zerkleinern. Anschließend Wasser, Linsen, Gewürze und die Gewürzpaste dazugeben, **30 Minuten/100 °C/Stufe 2** kochen.

3. Nach dem Kochvorgang die Suppe **20 Sekunden/Stufe 7** pürieren. Die Sahne und die geräucherten Würstchen in Scheiben dazugeben, **5 Minuten/100 °C/Linkslauf/Stufe 2** garen. Abschmecken und mit etwas Balsamico-Creme servieren.

Tipp: Man kann auch die halbe Menge kochen!

Paprika-Creme-Suppe

4 Portionen
Zubereitungszeit: 40 Minuten

3 Paprika, rot, in Stücken
1 Lauchstange, in Stücken
20 g neutrales Öl
500 g Gemüse- oder Tomatensaft
500 g Wasser
1 EL Gewürzpaste (siehe S. 13)
etwas Paprikapulver, edelsüß und Pfeffer
Saure Sahne, 10 % Fett, zum Dekorieren
Petersilie, Blätter abgezupft, zum Dekorieren

1. Paprika und Lauchstange in Stücken in den Mixtopf geben und **5 Sekunden / Stufe 5** zerkleinern.

2. Mit dem Spatel nach unten schieben, Öl dazugeben und **3 Minuten / Varoma / Stufe 2** dünsten.

3. Anschließend Gemüsesaft, Wasser, Gewürzpaste, etwas Paprikapulver und Pfeffer hinzufügen und **25 Minuten / 100 °C / Stufe 2** kochen.

4. Die Paprikasuppe stufenweise **20 Sekunden / Stufe 5–7** pürieren.

5. Zum Schluss die fertige Suppe mit Saurer Sahne und etwas Petersilie anrichten und servieren.

Tipp: Auch Wiener Würstchen in der Suppe sind sehr lecker. Dafür 350 g Würstchen in Scheiben schneiden und, wenn die Suppe püriert ist, hinzugeben. Die Suppe dann noch mal **5 Minuten / 90 °C / Linkslauf / Stufe 1** kochen.

Cremige Süßkartoffel-Kürbis-Suppe

Fett 23,4 g
KH 30,9 g | Eiw 6,2 g
Pro Portion
346,2 kcal

6 Portionen
Zubereitungszeit: 50–55 Minuten

700 g Hokkaidokürbis, in Stücken
300 g Süßkartoffeln, geschält, in Stücken
2 Möhren, geschält, in Stücken
2 Selleriestangen, in Stücken
1 rote Zwiebel, halbiert
30 g neutrales Öl
1000 g Wasser
1 EL Gewürzpaste (siehe S. 13)
200 g Sahne, 30 % Fett

Kürbiskerne geröstet:
Kürbiskerne
Wasser mit 2 TL Salz
30 g Öl
1 TL Paprikapulver, edelsüß

1. Kürbis halbieren und mit einem Löffel die Kürbiskerne herausholen. Die Kerne in einer Schüssel mit Wasser und 2 TL Salz einlegen.

2. Kürbis und Süßkartoffeln in Stücken in den Mixtopf geben, **10 Sekunden / Stufe 5** mit Unterstützung des Spatels zerkleinern und umfüllen.

3. Möhren, Sellerie und Zwiebelhälften in den Mixtopf geben, **5 Sekunden / Stufe 5** zerkleinern. Die Reste mit dem Spatel nach unten schieben. Öl dazugeben und **10 Minuten / 100°C / Stufe 2** dünsten.

4. Kürbis und Süßkartoffeln wieder in den Mixtopf geben und noch mal **10 Sekunden / Stufe 8** zerkleinern.

5. Wasser und Gewürzpaste in den Mixtopf hinzugeben, **25 Minuten / 100°C / Stufe 2** kochen.

6. In der Zwischenzeit die Kürbiskerne aus der Salzlake holen und vom restlichen Fruchtfleisch befreien. Mit einem Küchentuch gut abtrocknen und mit Öl und Paprikapulver würzen. Die Kürbiskerne in einer Pfanne anrösten.

7. Kürbissuppe nach dem Kochen **1 Minute / Stufe 6** pürieren.

8. Mit Sahne und gerösteten Kürbiskernen servieren.

Haupt-gerichte

Knoblauch-Sahne-Kartoffeln

6 Portionen
Zubereitungszeit: 35 Minuten | Ziehzeit: 1 Stunde

600 g Wasser
1 TL Salz
1 500 g kleine Kartoffeln, festkochend, geschält
2 Knoblauchzehen
etwas Schnittlauch
½ Bund Petersilie, Blätter abgezupft
200 g Sahne, 32 % Fett
200 g Crème fraîche, 30 % Fett
100 g Mayonnaise, 80 % Fett
½ TL Salz
etwas Pfeffer

1. Wasser und Salz in den Mixtopf geben.

2. Die kleinen Kartoffeln schälen und in den Varomabehälter geben. Den Mixtopf verschließen, ohne den Messbecher aufzusetzen und den Varoma auf dem Mixtopf positionieren.

3. Kartoffeln **25 Minuten / Varoma / Stufe 2** garen.

4. Die fertigen Kartoffeln umfüllen und den Mixtopf leeren.

5. Knoblauch, Schnittlauch und Petersilie **ohne Zeitangabe** ins laufende Messer auf **Stufe 9** geben und zerkleinern. Die Reste mit dem Spatel nach unten schieben.

6. Sahne, Crème fraîche, Mayonnaise, Salz und Pfeffer hinzufügen und **5 Sekunden / Stufe 1,5** vermischen, ggf. mit dem Spatel unterstützen.

7. Knoblauch-Sahne-Creme über die Kartoffeln geben und im Kühlschrank etwa **1 Stunde** ziehen lassen oder warm genießen.

Tipp: Die zubereiteten Kartoffeln gemeinsam mit einem frischen Salat servieren.

10 Klöße
Zubereitungszeit: 30 Minuten

1 Handvoll Petersilie, Blätter abgezupft
1 Zwiebel, halbiert
500 g Hackfleisch, gemischt
1 TL Paprikapulver, edelsüß
1 TL Salz
½ TL Pfeffer
2 Packungen Kloßteig à 750 g, z. B. »Thüringer Art«, aus dem Kühlregal
Öl zum Braten

1. Petersilie und Zwiebelhälften in den Mixtopf geben und **5 Sekunden / Stufe 5** zerkleinern. Die Reste mit dem Spatel nach unten schieben. Hackfleisch und Gewürze hinzufügen, **2 Minuten / Teigknetstufe** kneten.

2. Hackmasse zu 10 Bällchen formen und den Kloßteig ebenfalls in 10 Portionen teilen. Den Kloßteig jeweils mit der Handfläche etwas flach drücken, ein Hackbällchen hineinlegen und drumherum festdrücken. Mit angefeuchteten Händen zu Klößen formen, den Vorgang wiederholen.

3. Öl in der Pfanne heiß werden lassen und die Klöße auf mittlerer Stufe ca. 10 Minuten von jeder Seite knusprig braten.

Tipp: Serviert mit Zaziki oder einem Rotkohlsalat ist das Gericht eine vollwertige Mahlzeit.

Überbackene Schinkenkartoffeln

5 Portionen
Zubereitungszeit: 50 Minuten | Backzeit: 35 Minuten

Utensilien: 1 Backform

300 g Gouda, in groben Stücken
500 g Wasser
Salz
10 mittelgroße Kartoffeln, festkochend, geschält
1 TL Salz
1 Handvoll Petersilie, Blätter abgezupft
200 g Schmelzkäse, 50 % Fett
200 g Sahne, 30 % Fett
150 g Milch, 3,5 % Fett
Pfeffer
10 Scheiben Rohschinken
100 g Cocktailtomaten
etwas Muskatnuss

1. Käse in groben Stücken in den Mixtopf geben, **7 Sekunden/Stufe 5** zerkleinern und umfüllen.

2. 500 g Wasser und Salz in den Mixtopf geben. Geschälte Kartoffeln in den Varomabehälter geben, **35 Minuten/Varoma/Stufe 1** garen.

3. Varomabehälter zur Seite stellen und den Mixtopf leeren.

4. Petersilie **ohne Zeitangabe** bei **Stufe 9** ins laufende Messer geben und dadurch zerkleinern. Die Reste mit dem Spatel nach unten schieben.

5. Schmelzkäse, Sahne, Milch, etwas Salz und Pfeffer dazugeben, **20 Sekunden/Stufe 4** vermischen.

6. Die Kartoffeln einzeln in je eine Scheibe Rohschinken einwickeln und in eine Backform legen. Die Cocktailtomaten im Ganzen dazugeben und mit etwas Muskatnuss würzen.

7. Die Schmelzkäsecreme über die eingewickelten Kartoffeln verteilen und mit dem Käse bestreuen.

8. Die Kartoffeln **35 Minuten/200°C Ober-/Unterhitze** im vorgeheizten Backofen fertig backen.

Petersilien-Frikadellen

6 Portionen
Zubereitungszeit: 15 Minuten | Backzeit: 40 Minuten

Utensilien:
1 Backblech oder Steingut-Backform

1000 g Hackfleisch, gemischt
1 Bund Petersilie, Blätter abgezupft
2 große Kartoffeln, vorwiegend festkochend, geschält, in Stücken
2 Zwiebeln, halbiert
3 Eier, Größe M
50 g Paniermehl
1½ TL Salz
½ TL Cayennepfeffer
1 TL Pfeffer
20 g hoch erhitzbares Öl fürs Backen

1. Hackfleisch in eine große Schüssel geben und zur Seite stellen.

2. Petersilie, Kartoffeln und Zwiebelhälften in den Mixtopf geben und **5 Sekunden / Stufe 5** zerkleinern. Die Reste mit dem Spatel nach unten schieben.

3. Eier, Paniermehl, Salz, Cayennepfeffer und Pfeffer dazugeben und **10 Sekunden / Stufe 5** vermischen. Die Masse zum Hackfleisch geben und mit den Händen gut durchkneten.

4. Ca. 15 Frikadellen formen und auf ein gut gefettetes Backblech legen.

5. Die Frikadellen bei **230°C Ober-/Unterhitze** im vorgeheizten Backofen **40 Minuten** backen.

Tipp: Dazu passt hervorragend ein leckeres Kartoffelpüree mit frischem Salat.

Knoblauch-Garnelen auf Gemüse

4 Portionen
Zubereitungszeit: 35 Minuten

2 Paprika, rot und gelb, in Würfeln
1 Zucchini, in Würfeln
500 g Wasser
2 Knoblauchzehen
50 g Haferflocken
150 g Olivenöl
500 g Garnelen
Saft von ½ Zitrone
1 TL Salz
½ TL Pfeffer
300 g Nudeln, optional
etwas Petersilie

1. Paprika und Zucchini in Würfel schneiden und in den Varomabehälter geben. Wasser in den Mixtopf geben und verschließen. Den Varomabehälter aufsetzen und **10 Minuten / Varoma / Stufe 2** garen. Danach den Varomabehälter zur Seite stellen.

2. Knoblauchzehen in das laufende Messer **ohne Zeitangabe** auf **Stufe 9** durch die Deckelöffnung geben und zerkleinern, anschließend mit dem Spatel nach unten schieben.

3. Olivenöl, Garnelen, Zitronensaft, Salz und Pfeffer in den Mixtopf dazugeben, **15 Minuten / Varoma / Linkslauf / Sanftrührstufe** garen und dabei den Varomabehälter mit dem Gemüse wieder aufsetzen.

4. In der Zwischenzeit in einem Kochtopf nach Packungsanweisung Nudeln kochen, anschließend die fertigen Nudeln mit Gemüse, Garnelen und etwas Petersilie bestreut servieren.

Gefüllte Paprika

6 Portionen
Zubereitungszeit: 60 Minuten | Backzeit: 40 Minuten

Utensilien: 1 Auflaufform

Füllung:
500 g Hackfleisch, gemischt
50 g Haferflocken
2 Zwiebeln, halbiert
2 Knoblauchzehen
1 Handvoll Basilikum
200 g Zucchini, in Stücken
1 Paprika, rot, in Stücken
2 Eier, Größe M
2 TL Salz + 1 TL Pfeffer

Sauce:
6 Lauchzwiebeln, in groben Stücken
20 g neutrales Öl
3 TL Ajvar
400 g stückige Tomaten aus der Dose
15 g Tomatenmark
1 TL Salz

5–6 Spitzpaprika (300 g), halbiert
300 g Feta
100 g Sahne, 30 % Fett
20 g Haferflocken, zart
1000 g Wasser
1 TL Salz
250 g Reis

1. Hackfleisch in eine große Schüssel geben. 50 g Haferflocken in den Mixtopf geben, **15 Sekunden / Stufe 8** mahlen und in die Schüssel zum Hackfleisch umfüllen.

2. Zwiebelhälften, Knoblauch, Basilikumblätter, Zucchini- und Paprikastücke in den Mixtopf geben, **5 Sekunden / Stufe 5** zerkleinern und zum Hackfleisch hinzugeben.

3. Eier, Salz und Pfeffer zum Hackfleisch geben und mit den Händen gut vermischen. Spitzpaprikahälften mit der Masse füllen. Die gefüllten Hälften in eine Auflaufform geben und den Feta darüber bröseln.

4. Die Lauchzwiebeln in groben Stücken in den Mixtopf geben und **5 Sekunden / Stufe 5** zerkleinern. Die Reste mit dem Spatel nach unten schieben. Öl und Ajvar dazugeben, **2 Minuten / 100 °C / Stufe 2** dünsten.

5. Stückige Tomaten, Tomatenmark und Salz in den Mixtopf geben, **10 Minuten / 100 °C / Stufe 2** kochen, anschließend **20 Sekunden / Stufe 7** pürieren.

6. Die fertige Sauce über die mit Käse bestreuten Spitzpaprikahälften gießen, Sahne und 20 g Haferflocken darüber verteilen und für **40 Minuten / 200 °C Ober-/Unterhitze** in den vorgeheizten Backofen geben.

7. In der Zwischenzeit Wasser und 1 TL Salz in den Mixtopf geben. Gewaschenen Reis ins Garkörbchen füllen, **30 Minuten / Varoma / Stufe 4** kochen. Den Reis zu den Paprika servieren.

Knoblauch-Spaghetti

Fett 35 g
KH 65,8 g | Eiw 15,7 g
Pro Portion
623,8 kcal

4 Portionen
Zubereitungszeit: 30 Minuten

60 g Parmesan, 35 % Fett, in Stücken
1 Chilischote, halbiert und entkernt
4 Knoblauchzehen
1 Handvoll Petersilie, Blätter abgezupft
1 Handvoll Basilikum, Blätter abgezupft
2 Zwiebeln, halbiert
120 g Olivenöl
1½ TL Salz
Pfeffer
120 g Tomatenmark
400 g frische Tomaten, in Stücken
400 g stückige Tomaten aus der Dose
500 g Spaghetti
Wasser
frische Kräuter zum Garnieren

1. Parmesan in den Mixtopf geben, **8 Sekunden / Stufe 10** zerkleinern und umfüllen.

2. Chilischote, Knoblauchzehen, Petersilie und Basilikum **ohne Zeitangabe** ins laufende Messer auf **Stufe 9** geben und zerkleinern, mit dem Spatel nach unten schieben.

3. Zwiebelhälften in den Mixtopf dazugeben und **5 Sekunden / Stufe 5** zerkleinern. Die Reste mit dem Spatel nach unten schieben. Olivenöl, ½ TL Salz und Pfeffer dazugeben, **5 Minuten / 120 °C / Stufe 1** dünsten.

4. In der Zwischenzeit einen Kochtopf mit Wasser, 1 EL Olivenöl und 1 TL Salz aufsetzen und die Spaghetti nach Packungsanweisung darin kochen.

5. Zur Knoblauchmischung Tomatenmark, frische Tomaten und Tomaten aus der Dose dazugeben, **13 Minuten / 100 °C / Stufe 2** kochen.

6. Spaghetti mit der Sauce auf den Tellern anrichten und mit etwas Parmesan und frischen Kräutern garnieren.

4 Portionen
Zubereitungszeit: 40 Minuten | Backzeit: 25 Minuten

200 g Gouda, in Stücken
1 Zwiebel, halbiert
etwas Öl zum Braten
500 g Hackfleisch, gemischt
800 g Wasser
2 TL Gewürzpaste
(siehe S. 13)
600 g Süßkartoffeln,
geschält, in Stücken
1 Blumenkohl, ca. 500 g

Sauce:
400 g Garflüssigkeit
400 g Milch, 3,5 % Fett
50 g Butter
50 g Mehl
1 TL Salz
½ TL Pfeffer
3 Prisen Muskatnuss

1. Käse in Stücken in den Mixtopf geben und **10 Sekunden / Stufe 8** zerkleinern und umfüllen.

2. Zwiebelhälften in den Mixtopf geben, **5 Sekunden / Stufe 5** zerkleinern. Mit Öl und Hackfleisch in eine Pfanne geben und scharf anbraten.

3. Wasser und Gewürzpaste in den Mixtopf geben, Süßkartoffelstücke in das Garkörbchen geben und den Blumenkohl in Röschen im Varomabehälter verteilen und aufsetzen, **25 Minuten / Varoma / Stufe 2** garen.

4. Das gegarte Gemüse in eine Auflaufform geben und mit dem Hackfleisch vermischen. Den Mixtopf leeren und dabei 400 g der Garflüssigkeit auffangen.

5. Die aufgefangene Garflüssigkeit sowie die weiteren Zutaten für die Sauce in den Mixtopf geben, **5 Minuten / 100 °C / Stufe 4** kochen.

6. Die fertige Sauce über das Gemüse und das Hackfleisch geben und mit Käse bestreuen.

7. Im vorgeheizten Backofen **25 Minuten / 220 °C Ober-/ Unterhitze** goldbraun backen.

Rindergulasch

6 Portionen
Zubereitungszeit: 1 Stunde 10 Minuten

1 kg Rindergulasch
etwas Öl zum Anbraten
200 g Zwiebeln, halbiert
2 Knoblauchzehen
1–2 Möhren, geschält, in Stücken
40 g neutrales Öl
50 g Tomatenmark
1 EL Gewürzpaste (siehe S. 13)
1200 g Wasser
1 kg Kartoffeln, festkochend, geschält, in Stücken
1 TL Salz
1 TL Paprikapulver, edelsüß
1 TL Currypulver
1 TL schwarzer Pfeffer

1. Das Fleisch mit etwas Öl in einer Pfanne von allen Seiten kurz anbraten.

2. Zwiebelhälften, Knoblauch und Möhrenstücke in den Mixtopf geben, **5 Sekunden / Stufe 5** zerkleinern und mit dem Spatel nach unten schieben. Öl in den Mixtopf geben, **3 Minuten / Varoma / Stufe 2** andünsten.

3. Tomatenmark, Gewürzpaste und Wasser in den Mixtopf füllen, Garkörbchen in den Mixtopf einhängen und das angebratene Rindergulasch hineinfüllen.

4. Gulasch **30 Minuten / Varoma / Stufe 1** dünsten.

5. In der Zwischenzeit Kartoffeln schälen und in Stücken in den Varomabehälter geben, weitere **30 Minuten / Varoma / Stufe 1** garen.

6. Die Kartoffeln umfüllen, Gulasch und Brühe im Mixtopf vermengen, abschmecken und mit den Kartoffeln servieren.

Tipp: Super zart und super lecker – mit einem Klecks Crème Fraîche schmeckt es noch besser.

Sahne-Hähnchen

6 Portionen
Zubereitungszeit: 55 Minuten

Utensilien: 1 Auflaufform

Sahne-Hähnchen:
4–6 Hähnchenbrustfilets
1 ½ TL Salz
2 ½ TL Paprikapulver, edelsüß
1 TL Paprikapulver, rosenscharf
40 g Olivenöl
300 g Spitzpaprika, gelb, orange, rot, in Scheiben
200 g Käse, Gouda oder Emmentaler, 51 % Fett
1 Zwiebel, halbiert
200 g Sahne, 30 % Fett
100 g Wasser
300 g Schmand, 24 % Fett
20 g Tomatenmark
1 TL Gewürzpaste (siehe S. 13)
25 g Speisestärke, in etwas Wasser angerührt

700 g Nudeln nach Wahl

1. Hähnchenbrustfilets mit Salz, 2 TL Paprikapulver edelsüß, 1 TL Paprikapulver rosenscharf und 20 g Olivenöl marinieren und in eine Auflaufform legen.

2. Spitzpaprika in Scheiben schneiden, eine Handvoll davon zur Seite legen und den verbleibenden Teil auf die Filets verteilen.

3. Käse in den Mixtopf geben, **10 Sekunden / Stufe 8** zerkleinern und umfüllen.

4. Zwiebelhälften und die Handvoll zur Seite gelegten Paprikascheiben in den Mixtopf geben, **5 Sekunden / Stufe 5** zerkleinern. Die Reste mit dem Spatel nach unten schieben. 20 g Olivenöl zugeben, **2 Minuten / Varoma / Stufe 1** andünsten.

5. Sahne, Wasser, Schmand, ½ TL edelsüßes Paprikapulver, Tomatenmark, Gewürzpaste, ½ TL Salz und Stärke zugeben und **5 Minuten / 100°C / Stufe 4** aufkochen.

6. Die Sauce über die Hähnchenbrustfilets geben und mit Käse bestreuen. Jetzt im vorgeheizten Backofen **40 Minuten / 200°C Ober-/Unterhitze** fertig backen.

7. Die Nudeln parallel nach Packungsanweisung im Topf kochen und zum Hähnchen servieren.

Käse-Sahne-Tortellini

Fett 52,4 g
KH 49,6 g | Eiw 31,3 g
Pro Portion
801,3 kcal

4 Portionen
Zubereitungszeit: 25 Minuten

400 g frische Tortellini, bunt, mit beliebiger Füllung, aus dem Kühlregal
150 g Gouda, in Stücken
40 g Butter
40 g Mehl
250 g Wasser
250 g Milch, 3,5 % Fett
1 TL Gewürzpaste (siehe S. 13)
200 g Geflügelwurst, in Würfeln
200 g Sahne, 30 % Fett
1 TL Salz + etwas Pfeffer + Muskatnuss

1. Die Tortellini nach Packungsanweisung im Kochtopf kochen und in der Zwischenzeit den Käse in den Mixtopf geben, **8 Sekunden / Stufe 7** zerkleinern und umfüllen.

2. Butter in den Mixtopf geben, **2 Minuten / 100 °C / Stufe 1** erwärmen. Dann das Mehl dazugeben, **3 Minuten / 100 °C / Stufe 2** erwärmen und vermischen.

3. Wasser, Milch und Gewürzpaste in den Mixtopf dazugeben, **5 Minuten / 90 °C / Stufe 4** kochen.

4. Gewürfelte Geflügelwurst, Käse, Sahne und Gewürze dazugeben und erneut **1 Minute / 90 °C / Linkslauf / Stufe 2** kochen. Die Sauce dann über die gekochten Tortellini geben und servieren.

Nudeln mit Porree-Schinken-Sauce

Fett 19,4 g
KH 42,8 g | Eiw 30,7 g
Pro Portion
471,8 kcal

4 Portionen
Zubereitungszeit: 20 Minuten

500 g Nudeln nach Wahl
60 g Butter
40 g Mehl
300 g Wasser
1 geh. TL Gewürzpaste (siehe S. 13)
300 g Kochschinken, gewürfelt
200 g Porree, in Ringen
200 g Schmand, 24 % Fett
½ TL Pfeffer + etwas Muskat

1. Nudeln in einem Kochtopf nach Packungsanweisung kochen. In der Zwischenzeit Butter und Mehl in den Mixtopf geben, **2 Minuten / 100 °C / Stufe 2** erwärmen.

2. Wasser und Gewürzpaste dazugeben, **2 Minuten / Varoma / Stufe 3** vermischen und erwärmen.

3. Kochschinken, Porree, Schmand und Gewürze in den Mixtopf hinzugeben, anstelle des Messbechers das Garkörbchen als Spritzschutz daraufsetzen und **12 Minuten / Varoma / Linkslauf / Stufe 2** kochen.

4. Nudeln abgießen und mit der Sauce servieren.

Tipp: Mit einem Teelöffel Meerrettich schmeckt das Ganze noch etwas pikanter!

Zwiebelkuchen

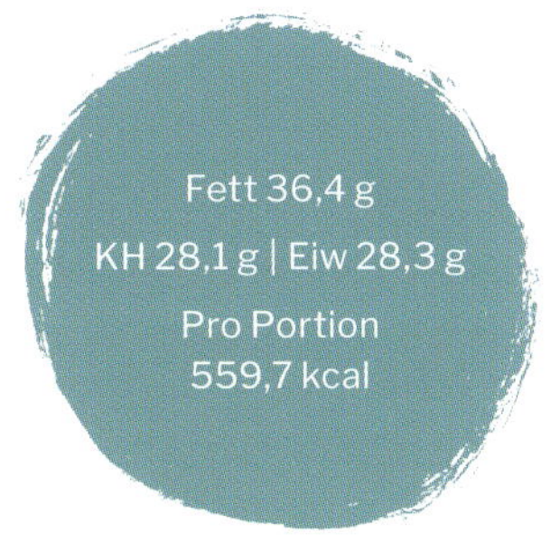

6 Portionen
Zubereitungszeit: 15 Minuten | Backzeit: 20 Minuten

Utensilien:
1 Backblech, -papier

200 g Haferflocken, zart
200 g Käse, in Stücken, z. B. Emmentaler, 45 % Fett oder Gouda, 51 % Fett
250 g Zwiebeln, halbiert
200 g Schinkenwürfel
1 EL Schnittlauch, getrocknet oder frisch in Röllchen
6 Eier, Größe M
400 g Sahne, 30 % Fett
½ Pck. Backpulver
½ TL Salz + ½ TL Pfeffer

1. Haferflocken in den Mixtopf geben, **30 Sekunden / Stufe 9** mahlen und in eine große Schüssel umfüllen.

2. Käse in Stücken in den Mixtopf geben, **7 Sekunden / Stufe 8** zerkleinern und in die Schüssel umfüllen.

3. Zwiebelhälften in den Mixtopf geben, **5 Sekunden / Stufe 5** zerkleinern und in die Schüssel umfüllen.

4. Schinkenwürfel und Schnittlauch in die Schüssel zu den anderen Zutaten dazugeben.

5. Eier, Sahne, Backpulver, Salz und Pfeffer in den Mixtopf geben, **40 Sekunden / Stufe 5** vermischen, in die Schüssel dazugeben und das Ganze mit einem Löffel miteinander verrühren.

6. Die Masse auf ein mit Backpapier ausgelegtes Backblech geben und im vorgeheizten Ofen **20 Minuten / 200 °C Ober-/Unterhitze** goldbraun backen.

Tipp: Schmeckt auch kalt fantastisch!

Käse-Zucchini-Puffer mit Kräuterjoghurt

Fett 36 g
KH 45,3 g | Eiw 21,5 g
Pro Portion
592,5 kcal

6 Portionen, ca. 10–12 Puffer
Zubereitungszeit: 30 Minuten | Quellzeit: 10 Minuten

Kräuterjoghurt:
1 Knoblauchzehe
1 Handvoll Petersilie und Basilikum, Blätter abgezupft
500 g Joghurt, 10 % Fett
200 g Crème fraîche, 30 % Fett
Saft von 1 Limette
1 TL Salz
½ TL Pfeffer

Puffer:
150 g Gouda, 51 % Fett, in Stücken
2 Zwiebeln, halbiert
1 Knoblauchzehe
750 g Zucchini, geschält, in Stücken
3 Eier, Größe M
300 g Haferflocken, zart
1 TL Salz
ca. 30 g Sonnenblumenöl zum Braten

1. Knoblauch und frische Kräuter ins laufende Messer **ohne Zeitangabe** auf **Stufe 9** durch die Öffnung in den Mixtopf geben und zerkleinern. Reste mit dem Spatel nach unten schieben. Joghurt, Crème fraîche, Limettensaft sowie Salz und Pfeffer dazugeben, **20 Sekunden / Stufe 4** vermischen.

2. Kräuterjoghurt umfüllen und in den Kühlschrank stellen, Mixtopf reinigen.

3. Käse in Stücken in den Mixtopf geben, **5 Sekunden / Stufe 5** zerkleinern und umfüllen.

4. Zwiebelhälften und Knoblauchzehe **5 Sekunden / Stufe 5** zerkleinern und mit dem Spatel nach unten schieben. Dann die geschälten Zucchini in Stücken dazugeben und **5 Sekunden / Stufe 5** mit Unterstützung des Spatels zerkleinern.

5. Eier, Haferflocken, Salz und Käse dazugeben, **1 Minute / Stufe 4** vermischen und etwa **10 Minuten** quellen lassen.

6. Öl in einer Pfanne erhitzen und die Masse als Häufchen ins heiße Öl geben und leicht flach drücken. Beidseitig braten, bis die Puffer goldbraun sind.

7. Käse-Zucchini-Puffer mit dem Kräuterjoghurt servieren und genießen.

Backen –
Low Carb &
zuckerfrei

Low Carb-Beerenrolle

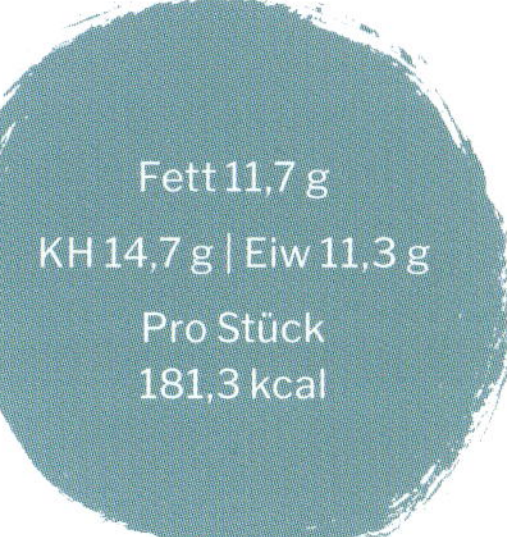

8 Stück
Zubereitungszeit: 10 Minuten | Backzeit: 20 Minuten | Abkühlzeit: 10 Minuten

Utensilien:
1 Backblech, -papier

Teig:
50 g Haferflocken, kernig
100 g Emmentaler, 45 % Fett, in Stücken
250 g Skyr, 0,2 % Fett
3 Eier, Größe M
1 Prise Salz

Beerencreme:
60 g Erythrit
175–200 g Frischkäse, Doppelrahmstufe
125 g Himbeeren oder Erdbeeren

Topping:
etwas Skyr, 0,2 % Fett
einige frische Erdbeeren oder Himbeeren

1. Haferflocken in den Mixtopf geben, **10 Sekunden / Stufe 8** mahlen. Die Reste mit dem Spatel nach unten schieben. Danach den Käse in Stücken dazugeben, **10 Sekunden / Stufe 8** zerkleinern. Skyr, Eier und Salz dazugeben, **20 Sekunden / Stufe 4,5** vermischen.

2. Den Teig auf ein vorbereitetes Backblech (ausgelegt mit Backpapier) geben und gleichmäßig zu einem Rechteck verstreichen. Im vorgeheizten Backofen bei **180 °C Ober-/ Unterhitze 20 Minuten** backen.

3. In der Zwischenzeit für die Beerencreme Erythrit in den gereinigten Mixtopf geben und **20 Sekunden / Stufe 9** pulverisieren. Danach den Frischkäse dazugeben und **10 Sekunden / Stufe 3** vermischen. Himbeeren dazugeben und vorsichtig **20 Sekunden / Sanftrührstufe** unterheben.

4. Sobald der Boden fertig gebacken ist, ca. **10 Minuten** abkühlen lassen. Anschließend den Boden samt Backpapier auf die Arbeitsfläche legen und die Beerencreme darauf verteilen. Von der Längsseite zu einer Rolle aufrollen und in ca. 8 Scheiben schneiden (der Pizzaschneider eignet sich dafür super).

5. Die Beerenrolle abkühlen lassen, mit etwas Skyr bestreichen und mit einigen frischen Beeren garnieren.

Low Carb-Schnitte

6 Portionen
Zubereitungszeit: 20 Minuten | Backzeit: 15 Minuten | Ziehzeit: 2 Stunden

Utensilien:
1 Backblech, -papier
100 g Erythrit

Boden:
70 g Mandeln, ungeschält
100 g Schokolade, 70 % Kakaoanteil, in Stücken
75 g Butter
3 Eier, Größe M
½ Pck. Backpulver
50 g pulverisierter Erythrit (s. Schritt 1)

Creme:
5 Blätter Gelatine
50 g Milch, 1,5 % Fett
200 g Sahne, 30 % Fett
250 g Mascarpone, 82 % Fett
50 g pulverisierter Erythrit (s. Schritt 1)

1. 100 g Erythrit in den Mixtopf geben, **30 Sekunden/ Stufe 9** pulverisieren und umfüllen. Mandeln in den Mixtopf geben, **20 Sekunden/Stufe 10** mahlen und umfüllen.

2. Schokolade in Stücken und Butter in den Mixtopf geben, **5 Minuten/70°C/Stufe 2** erwärmen. Eier, Mandeln, Backpulver und 50 g vom Erythrit-Pulver dazugeben, **20 Sekunden/Stufe 3** vermischen. Den Teig auf einem Backblech mit Backpapier zu einem Rechteck verstreichen und **15 Minuten** im vorgeheizten Ofen bei **160°C Ober-/ Unterhitze** backen und abkühlen lassen.

3. Solange der Boden abkühlt, Gelatine **5 Minuten** in kaltem Wasser einweichen. Gelatine ausdrücken und in den Mixtopf geben, **2 Minuten/60°C/Stufe 2** erwärmen. Milch dazugeben, **10 Sekunden/Stufe 2** vermischen und umfüllen.

4. Schmetterling in den gereinigten und abgekühlten Mixtopf einsetzen, Sahne hineingeben und **ohne Zeitangabe** auf **Stufe 4** unter Beobachtung steif schlagen. Mascarpone und die restlichen 50 g Erythrit-Pulver sowie Milch mit der Gelatine dazugeben, **30 Sekunden/Stufe 3** vermischen.

5. Die Enden des Bodens gerade schneiden und die Abschnitte beiseitelegen. Den Boden mit einem Messer halbieren und eine Hälfte mit der Creme bestreichen. Die andere Hälfte des Bodens darauflegen und mit dem Rest der Creme bestreichen. Die Abschnitte zerbröseln und über die Creme streuen. **2 Stunden** ziehen lassen und danach zu 4–6 Schnitten schneiden und servieren.

Low Carb-Mandelgrieß

2 Portionen
Zubereitungszeit: 10 Minuten

100 g Mandeln, ungeschält
30 g Dinkelkleie
320 g Milch, 1,5 % Fett
30 g Erythrit
1 Prise Salz
50 g frische Himbeeren
50 g frische Blaubeeren
einige Nüsse, optional

1. Mandeln im Mixtopf **15 Sekunden / Stufe 8** mahlen. Die Reste mit dem Spatel nach unten schieben.

2. Dinkelkleie, Milch, Erythrit und Salz hinzugeben, **6 Minuten / 100 °C / Linkslauf / Stufe 2** kochen.

3. Umfüllen und mit frischen Beeren und Nüssen belegen und genießen.

Tipp: Für die vegane Variante einfach Milch durch Mandel- oder Haferdrink ersetzen. Nach Belieben können für die Dekoration gefrorene Himbeeren im Mixtopf zerkleinert und über den Mandelgrieß gestreut werden.

Eiweißbrötchen

10 Brötchen
Zubereitungszeit: 15 Minuten | Backzeit: 40 Minuten

Utensilien:
1 Backblech, -papier,
evtl. 1 Backmatte

20 g Frischhefe
150 g Milch, 1,5 % Fett
270 g Wasser
1 TL Erythrit
200 g Magerquark
80 g Leinsamen
300 g Dinkelmehl, Type 630
150 g Eiweißpulver Natur, erhältlich z. B. im Drogeriemarkt
70 g Flohsamenschalen
2 TL Salz
Samen nach Wahl zum Bestreuen

1. Hefe, Milch, Wasser und Erythrit in den Mixtopf geben und **2 Minuten / 37 °C / Stufe 2** erwärmen, die Hefe wird dadurch aufgelöst.

2. Quark, Leinsamen, Dinkelmehl, Eiweißpulver, Flohsamenschalen und Salz in den Mixtopf geben, **2 Minuten / Teigknetstufe** kneten.

3. Den Teig auf eine Backmatte oder bemehlte Arbeitsfläche geben, mit angefeuchteten Händen 10 Brötchen formen und mit etwas Wasser bepinseln. Die Brötchen mit Samen nach Wahl bestreuen und leicht andrücken (so fallen sie nach dem Backen nicht gleich alle wieder ab).

4. Die Brötchen auf einem mit Backpapier belegten Backblech in den kalten Ofen, unterste Schiene, stellen (so können die Brötchen noch etwas gehen). Erst **30 Minuten / 170 °C Ober-/Unterhitze** backen, anschließend weitere **10 Minuten / 200 °C Ober-/Unterhitze** goldbraun backen.

Eiweißbrot

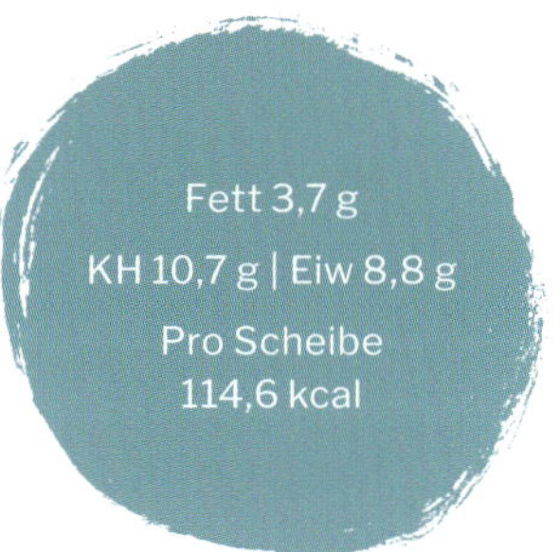

16 Scheiben
Zubereitungszeit: 10 Minuten | Backzeit: 1 Stunde 30 Minuten

Utensilien:
1 Backform, evtl. Backpapier

evtl. etwas Kokosfett
500 g Magerquark
200 g Dinkelkleie
100 g Flohsamenschalen
50 g Leinsamen
50 g Haferkleie
20 g Sonnenblumenkerne
6 Eier, Größe M
1 TL Salz
1 Pck. Backpulver
Samen nach Wahl zum Bestreuen

1. Backform mit Kokosfett einfetten oder mit Backpapier auslegen.

2. Alle Zutaten bis auf die Samen nach Wahl der Reihe nach in den Mixtopf geben und **45 Sekunden / Stufe 7** mit der Unterstützung des Spatels vermischen.

3. Den Teig am besten mit Einmalhandschuhen oder nassen Händen in die Backform geben, das Brot mit 2 EL Wasser beträufeln, mit Samen nach Wahl bestreuen und leicht andrücken.

4. Brot in den kalten Backofen geben und auf der untersten Schiene **1 Stunde 30 Minuten / 200°C Ober-/Unterhitze** backen.

Tipp: Das Brot kann im Kühlschrank bis zu einer Woche aufbewahrt werden.

Low Carb-Käsekuchen mit Schoko-Drops

Fett 3,8 g
KH 19,6 g | Eiw 13,5 g
Pro Stück
124,3 kcal

12 Stück
Zubereitungszeit: 5 Minuten | Backzeit: 50 Minuten | Ruhezeit: 2 Stunden

Utensilien: 1 Auflaufform

500 g Magerquark
500 g Skyr (Natur), 0,2 % Fett
300 g Milch, 1,5 % Fett
6 Eier, Größe M
2 Pck. Vanillepudding-Pulver
130 g Erythrit
5 Tropfen Backaroma eurer Wahl
Schoko-Drops mit Süßungsmittel, erhältlich im Reformhaus oder im Internet, z. B. bei Amazon

1. Magerquark, Skyr, Milch, Eier, Vanillepudding-Pulver, Erythrit und Backaroma in den Mixtopf geben, **1 Minute / Stufe 4** vermischen.

2. Die Masse in eine Auflaufform geben und die Schoko-Drops vorsichtig obendrauf verteilen.

3. Die Auflaufform in den kalten Backofen geben und **50 Minuten / 175 °C Ober-/Unterhitze** backen, ggf. die Backzeit um **5–10 Minuten** verlängern.

4. Nach dem Backen **2 Stunden** kaltstellen und danach genießen.

Tipp: Alternativ könnt ihr auch gerne Himbeeren oder Blaubeeren als Topping verwenden!

MILK

Backen –
Herzhaft
und süß

Möhren-Buttermilch-Vollkornbrot

Fett 1,4 g
KH 33,6 g | Eiw 7,4 g
Pro Scheibe
184,7 kcal

ca. 15 Scheiben
Zubereitungszeit: 10 Minuten | Ruhezeit: 60 Minuten | Backzeit: 50 Minuten

Utensilien:
1 Backform (evtl. mit Deckel), evtl. 1 Küchenhandtuch, 1 Backmatte

400 g Dinkelvollkornmehl
1 große Möhre oder 2 kleine Möhren, geschält, in Stücken
500 g Buttermilch
20 g Frischhefe
20 g Honig
300 g Weizenvollkornmehl
150 g Sonnenblumenkerne
10 g Salz

1. Dinkelvollkornmehl und Möhren in Stücken in den Mixtopf geben, **5 Sekunden / Stufe 5** zerkleinern. Die Reste mit dem Spatel nach unten schieben.

2. Buttermilch, Hefe und Honig dazugeben, **1 Minute / Teigknetstufe** kneten. Nun den Vorteig für **30 Minuten** im Mixtopf gehen lassen.

3. Anschließend Mehl, Sonnenblumenkerne und Salz hinzugeben, **3 Minuten / Teigknetstufe** kneten. Den Teig auf eine Backmatte oder bemehlte Arbeitsfläche geben und mit etwas Öl an den Händen zu einem Brotlaib formen. Den Laib in die gewünschte gefettete Backform geben, Deckel verschließen und erneut **30 Minuten** gehen lassen. Ist kein Deckel vorhanden, einfach ein Küchenhandtuch darüberlegen.

4. Optional: Den Teig mit etwas Mehl bestreuen und mit einem Messer ein Herz reinschneiden.

5. Im vorgeheizten Backofen **50 Minuten / 180°C Ober-/Unterhitze** backen. Aus der Form nehmen und komplett auskühlen lassen.

Tipp: Mit einer Steingut-Backform bitte das Brot im kalten Ofen auf der untersten Schiene **50 Minuten / 220°C Ober-/Unterhitze** mit Deckel fertig backen!

Müslischiffchen

10 Brötchen
Zubereitungszeit: 15 Minuten | Ruhezeit: 30 Minuten | Backzeit: 20 Minuten

Utensilien:
1 Backmatte, 1 Backblech, evtl. Backpapier

200 g Wasser
20 g Honig
½ Würfel Frischhefe
200 g Crème fraîche
250 g Weizenmehl, Type 550
100 g Dinkelvollkornmehl
1 gestr. TL Salz
80 g Müsli eurer Wahl
30 g Walnüsse, ganz
80 g Cranberries
einige zarte Haferflocken zum Bestreuen

1. Wasser, Honig und Hefe in den Mixtopf geben, **2 Minuten / 37°C / Stufe 2** erwärmen. Die Hefe löst sich dabei auf.

2. Crème fraîche, beide Mehlsorten, Salz, Müsli, Walnüsse und 30 g Cranberries dazugeben, **3 Minuten / Teigknetstufe** kneten. Anschließend den Teig auf eine Backmatte oder bemehlte Arbeitsfläche geben.

3. Aus dem Teig 10 ovale Schiffchen formen, diese auf ein gefettetes oder mit Backpapier ausgelegtes Backblech geben und mit einem Küchentuch abgedeckt **30 Minuten** gehen lassen.

4. In der Zwischenzeit die restlichen 50 g Cranberries für das Topping in den Mixtopf geben und **6 Sekunden / Stufe 8** zerkleinern.

5. Nun die Brötchen mit Wasser bestreichen und mit Haferflocken und zerkleinerten Cranberries bestreuen.

6. Die Masse auf ein mit Backpapier ausgelegtes Backblech geben und im vorgeheizten Backofen **20 Minuten / 200°C Ober-/Unterhitze** goldbraun backen.

Tipp: Mit etwas Öl an den Händen lassen sich die Schiffchen besser formen.

16 Scheiben
Zubereitungszeit: 15 Minuten | Ruhezeit: 2 Stunden | Backzeit: 60 Minuten

Utensilien:
1 Steingut-Form (3 l Fassungsvermögen) oder 1 Gärkörbchen
1 Backblech, -papier

20 g Frischhefe
75 g Sauerteig, z. B. von Seitenbacher
150 g Milch, 3,5 % Fett
350 g Wasser
300 g Roggenvollkornmehl
150 g Weizenvollkornmehl
200 g Dinkelmehl, Type 630
2 TL Salz
50 g Sesam

1. Hefe, Sauerteig, Milch und Wasser in den Mixtopf geben und **2 Minuten / 37°C / Stufe 2** erwärmen. Die Hefe löst sich dabei auf.

2. Alle 3 Mehlsorten, sowie Salz und Sesam in den Mixtopf dazugeben und **3 Minuten / Teigknetstufe** kneten.

3. Teig in eine vorbereitete Steingut-Form oder ein Gärkörbchen geben und **2 Stunden** mit Deckel gehen lassen.

4. Nach der Gehzeit das Brot mit etwas Wasser bepinseln, Sesamkörner darauf streuen, sowie ein bisschen Mehl.

5. Das Brot in der Steingut-Form im kalten Backofen **50 Minuten / 220°C Ober-/Unterhitze** mit Deckel backen. Alternativ das Brot aus dem Gärkörbchen auf ein mit Backpapier ausgelegtes Backblech stürzen, zu einem runden Brotlaib formen und **50 Minuten / 200°C Ober-/Unterhitze** backen.

6. Deckel, falls vorhanden, abnehmen und noch mal **10 Minuten** bei **220°C Ober-/Unterhitze** backen.

Sonntagsbrötchen

8 Brötchen
Zubereitungszeit: 10 Minuten | Ruhezeit: 30 Minuten | Backzeit: 25 Minuten

Utensilien:
evtl. 1 Backmatte,
1 Backblech, -papier,
Klarsichtfolie

300 g Wasser
20 g Frischhefe
480 g Weizenmehl, Type 550
2 TL Salz

1. Wasser und Hefe in den Mixtopf geben, **2 Minuten/37°C/ Stufe 2** erwärmen und dabei die Hefe auflösen. Mehl und Salz dazugeben, **3 Minuten/Teigknetstufe** kneten. Ein Backblech mit Backpapier auslegen.

2. Den Teig auf eine Backmatte oder bemehlte Arbeitsfläche geben und ca. 8 Brötchen oder 2 Baguettes daraus formen und auf ein vorbereitetes Blech legen. Mit einem Messer leicht einschneiden und mit einer Folie oder einem frischen Küchentuch bedecken, **30 Minuten** gehen lassen.

3. Backofen auf **240°C Ober-/Unterhitze** vorheizen und eine feuerfeste Schale mit Wasser auf den Boden des Ofens stellen. Die Brötchen oder Baguettes mit etwas Mehl bestäuben, **25 Minuten** goldbraun und knusprig fertig backen.

Wunderbrot

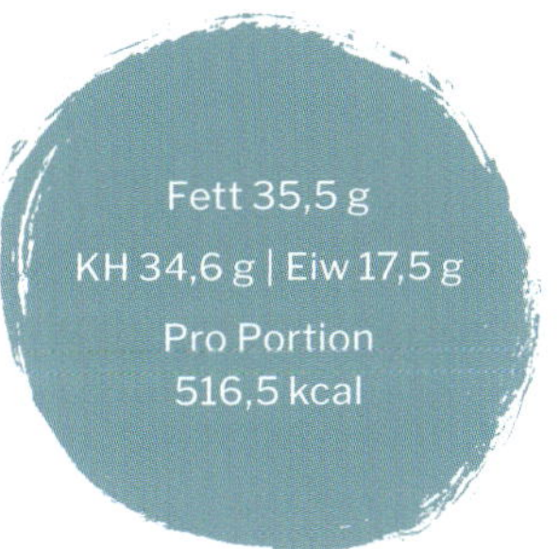

6 Portionen
Zubereitungszeit: 15 Minuten | Quellzeit: 1–2 Stunden 20 Minuten | Backzeit: 60 Minuten

Utensilien:
1 Kastenform,
evtl. Backpapier,
etwas Fett für die Form

150 g Haferflocken, kernig
400 g Wasser
30 g Kokosöl
20 g Agavendicksaft
65 g Chiasamen
140 g Sonnenblumenkerne
50 g Leinsamen
40 g Flohsamenschalen
30 g Mandelmehl
20 g Dinkelkleie
80 g Walnüsse, ganz
2 TL Salz
etwas Wasser zum Bepinseln
Samen nach Wahl zum Bestreuen

1. Haferflocken in den Mixtopf geben, **30 Sekunden / Stufe 9** mahlen und in eine große Schüssel umfüllen. Wasser, Kokosöl und Agavendicksaft in den Mixtopf geben, **2 Minuten / 37°C / Stufe 2** erwärmen.

2. Danach die Chiasamen dazugeben und **20 Minuten** im Mixtopf quellen lassen. Anschließend dann alle trockenen Zutaten hinzugeben und mit Unterstützung des Spatels **3 Minuten / Teigknetstufe** kneten.

3. Den Teig umgehend in eine vorbereitete Kastenform (mit Backpapier ausgelegt oder eingefettet) geben und ihn mit angefeuchteten Händen fest in die Form drücken.

4. Mit einem Küchentuch bedeckt **1–2 Stunden** quellen lassen. Wer möchte, kann den Teig auch über Nacht quellen lassen.

5. Nach dem Quellen den Teig mit etwas Wasser bepinseln, Samen darauf streuen und leicht festdrücken, so fallen sie nach dem Backen nicht gleich herunter.

6. Den Teig im nicht vorgeheizten Backofen **60 Minuten / 180°C Ober-/Unterhitze** backen. Das Brot aus der Backform stürzen, abkühlen lassen und genießen.

Tipp: Samen, Körner und Nüsse können nach Belieben verändert werden.

Cranberry-Bananen-Brot

10 Scheiben
Zubereitungszeit: 10 Minuten | Backzeit: 50–60 Minuten

Utensilien: 1 Kastenform

100 g Butter + etwas Butter zum Einfetten
100 g brauner Zucker + etwas für die Form
2 Eier, Größe M
1 TL Zimt
½ TL Salz
200 g Dinkelmehl, Type 630
1 Pck. Backpulver
70 g Pistazien
200 g Bananen, in Stücken
50 g Cashewkerne
30 g Cranberries

1. Den Backofen auf **170°C Ober-/Unterhitze** vorheizen, eine Kastenform mit etwas Butter einfetten und überall mit einer dünnen Mehlschicht und etwas braunem Zucker überziehen.

2. Butter und Zucker in den Mixtopf geben, **3 Minuten / Varoma / Stufe 1,5** erhitzen.

3. Eier, Zimt und Salz hinzufügen, **30 Sekunden / Stufe 4** schaumig schlagen.

4. Mehl und Backpulver hinzugeben, **40 Sekunden / Stufe 4,5** zu einem geschmeidigen Teig vermischen.

5. Pistazien, Bananenstücke und Cashewkerne in den Mixtopf zum Teig geben und erneut **40 Sekunden / Stufe 3** vermischen.

6. Den Teig in die Kastenform umfüllen und mit Cranberries belegen. Jetzt **50–60 Minuten** bei **170°C Ober-/Unterhitze** backen.

Tipp: Das Brot schmeckt fantastisch zum Frühstück mit etwas Butter oder Marmelade bestrichen.

Saftige Muffins

12 Muffins
Zubereitungszeit: 10 Minuten | Backzeit: 30 Minuten

Utensilien:
1 Muffinblech mit 12 Mulden

200 g Joghurt, 10 % Fett
100 g neutrales Öl
2 Eier, Größe M
300 g Weizenmehl, Type 405 oder Dinkelmehl, Type 630
15 g Backpulver
150 g Zucker
Abrieb von 1 Bio-Zitrone, alternativ 1 Pck. Zitronenschale von Dr. Oetker, 6 g
700 g (1 Glas) Süßkirschen, gut abgetropft oder 300 g Himbeeren, frisch oder TK
Puderzucker zum Bestäuben

1. Joghurt, Öl, Eier, Mehl, Backpulver, Zucker und Zitronenschale in den Mixtopf geben, **1 Minute / Stufe 4** verrühren.

2. Abgetropfte Kirschen oder Himbeeren in den Mixtopf dazugeben und **30 Sekunden / Linkslauf / Stufe 3** unterheben.

3. Ofen auf **180°C Ober-/Unterhitze (Umluft 170°C)** vorheizen, Muffinblech bereitstellen und einfetten, mit 2 Esslöffeln den Teig gleichmäßig in die Förmchen füllen.

4. Die Muffins **30 Minuten** auf der mittleren Schiene im vorgeheizten Backofen backen.

5. Die Muffins mit Puderzucker bestäubt servieren.

Tipp: Die Muffins bleiben in einer luftdichten Box ca. 2 Tage frisch. Du kannst sie aber auch einfrieren.

MILK

Milchbrötchen

12 Portionen
Zubereitungszeit: 15 Minuten | Ruhezeit: 20 Minuten | Backzeit: 25 Minuten

Utensilien:
1 Backblech, -papier,
1 Küchentuch

300 g Milch, 3,5 % Fett
30 g Zucker
30 g Frischhefe
300 g Weizenmehl, Type 405
300 g Dinkelmehl, Type 630
100 g Butter, weich, in Stücken
1 Prise Salz
1 Ei, Größe M, zum Bestreichen

1. Milch, Zucker und Hefe in den Mixtopf geben, **2 Minuten / 37 °C / Stufe 2** erwärmen. Die Hefe löst sich dabei auf.

2. Die beiden Mehlsorten, Butter und Salz hinzufügen und **2 Minuten / Teigknetstufe** kneten.

3. Teig auf eine bemehlte Arbeitsfläche geben und 12 Brötchen daraus formen.

4. Brötchen auf ein mit Backpapier belegtes Backblech legen, mit einem Küchentuch abdecken und **20 Minuten** ruhen lassen.

5. Die Brötchen mit einem verquirlten Ei bestreichen und **25 Minuten** im vorgeheizten Backofen bei **170 °C Ober-/ Unterhitze** backen.

Tipp: Den Zucker kann man auch weglassen und die Brötchen mit salzigem Belag genießen.

Knusperwaffeln

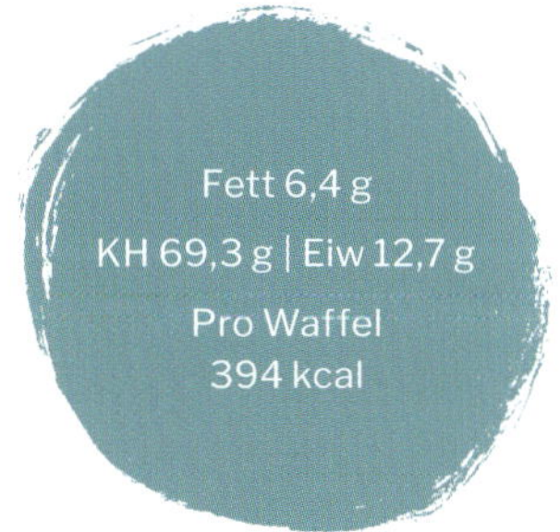

ca. 6 Waffeln
Zubereitungszeit: 15 Minuten

Utensilien: 1 Waffeleisen

240 g Dinkelmehl, Type 630
140 g Zucker
10 g Vanillezucker
1 Prise Salz
2 TL Backpulver
150 g Haferflocken, zart
4 Eier, Größe M
200 g Milch, 3, 5 % Fett
Abrieb von 1 Bio-Orange oder fertige Orangenschale, z. B. von Dr. Oetker, 6 g

1. Alle Zutaten in den Mixtopf geben, **1 Minute / Stufe 4** vermischen.

2. Den Teig portionsweise in ein aufgeheiztes und eingefettetes Waffeleisen geben und die Waffeln bis zur gewünschten Bräune backen.

Tipp: Durch die Haferflocken werden die Waffeln sehr knusprig.

Krepli

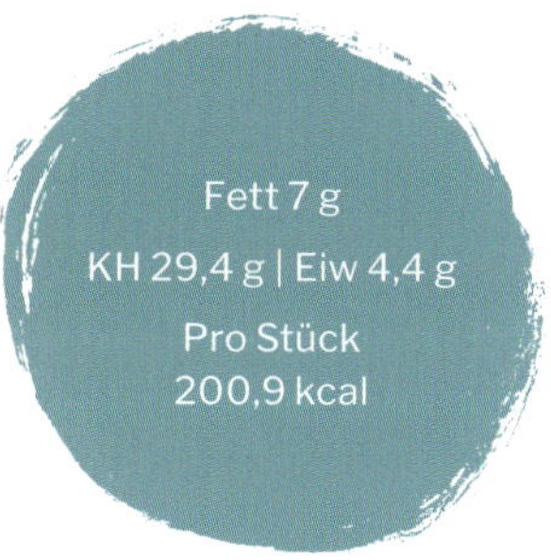

25 Stück
Zubereitungszeit: 30 Minuten | Ruhezeit: 30 Minuten

500 g Kefir oder Buttermilch
200 g Crème fraîche
800 g Weizenmehl, Type 405
1 TL Salz
2 Pck. Backpulver
750 ml Öl zum Ausbacken

Topping:
Puderzucker
gezuckerte Kondensmilch

1. Die flüssigen Zutaten für den Teig zuerst in den Mixtopf geben, danach die trockenen Zutaten zugeben (so lässt sich der Teig besser kneten), **3 Minuten / Teigknetstufe** kneten. Anschließend den Teig auf eine bemehlte Arbeitsfläche stürzen.

2. Der Teig sollte noch eine leicht klebende Konsistenz haben. Mit einem Küchentuch den Teig bedecken und **30 Minuten** ruhen lassen.

3. Nun wird der Teig leicht bemehlt und rechteckig ausgerollt (ca. 5 mm Dicke). Anschließend mit einem Pizzaschneider oder Messer den Teig in Längs- und Querstreifen schneiden (ca. 10 cm x 5 cm Streifen). Zum Schluss in der Mitte einen kleinen Schlitz einschneiden und ein Ende durch diesen Schlitz ziehen.

4. Im Anschluss Öl in einem Topf erhitzen, die Krepli darin hellbraun von beiden Seiten ausbacken. Mit etwas Kondensmilch bestreichen und mit Puderzucker bestreuen – fertig!

Getränke

Heiße Schokolade mit Marshmallows

2 Portionen
Zubereitungszeit: 8 Minuten

50 g Zartbitterschokolade, in Stücken
10 g Kakaopulver, z. B. Kaba
400 g Milch, 3,5 % Fett
10–20 g Mini-Marshmallows

1. Schokolade in Stücken, Kakao und Milch in den Mixtopf geben und **5 Minuten / 80 °C / Stufe 2** erwärmen.

2. Anschließend **1 Minute / Stufe 8** schaumig rühren und in 2 Tassen füllen. Mit den Marshmallows als Topping anrichten und warm genießen.

Tipp: Das Topping kann super mit Schlagsahne oder einer Kugel Vanilleeis kombiniert werden.

Immun-Booster

2 Portionen
Zubereitungszeit: 10 Minuten

1 Bio-Zitrone, halbiert
60 g Ingwer, geschält, in Stücken
40 g Agavendicksaft oder Honig
2 TL Kurkumapulver
10 g Kreuzkümmelöl oder Hanföl
1000 g stilles Wasser

1. Bio-Zitrone gut waschen. Halbierte Zitrone mit Schale in den Mixtopf geben, geschälten Ingwer in Stücken hinzufügen und die anderen Zutaten bis auf das Wasser dazugeben, **10 Sekunden / Stufe 6** zerkleinern.

2. Stilles Wasser dazugeben, **10 Sekunden / Stufe 4** vermischen.

3. Garkörbchen einhängen und die Flüssigkeit aus dem Mixtopf absieben und umfüllen.

4. 500 ml am selben Tag trinken. Die verbleibenden 500 ml am nächsten Tag genießen (vorher etwas aufschütteln).

Tipp: Der Immun-Booster kann Erkältungen vorbeugen und verbessert das Wohlbefinden.

Früchtebowle

6 Portionen
Zubereitungszeit: 20 Minuten

100 g brauner Zucker
30 g Ingwer, geschält, in Stücken
1 Bio-Orange
2 Dosen Mandarinen à 312 g, mit Saft
500 g Traubensaft
250 g frische Himbeeren
1 Bio-Limette, in Stücken
1 Bio-Zitrone, in Scheiben
500 g Mineralwasser oder eine Flasche Sekt, gekühlt

1. Zucker und Ingwer in den Mixtopf geben, **5 Sekunden/Stufe 5** zerkleinern. Die Reste mit dem Spatel nach unten schieben. Orangenschale mit einem Sparschäler abschälen und die Schale in den Mixtopf geben, **5 Minuten/80°C/Stufe 2** kochen.

2. Saft der Mandarinen und den Traubensaft in den Mixtopf hinzugeben, **10 Sekunden/Stufe 5** mixen.

3. Abgetropfte Mandarinen, Himbeeren, Limette in Stücken, Zitronenscheiben und die geschälte Orange in Stücken in eine große Servierschüssel geben.

4. Mithilfe des Garkörbchens als Sieb den Saft in die Schüssel zu den Früchten gießen und mit Mineralwasser oder Sekt auffüllen und vorsichtig umrühren. Die Bowle kann auch mit Eiswürfeln serviert werden.

Ipanema

4 Cocktails
Zubereitungszeit: 10 Minuten

6 Bio-Limetten, geviertelt
4 Zweige Minze + Minzblätter für die Gläser
70 g brauner Zucker + 1 EL
400 g Tonicwater
300 g Maracujasaft
Eiswürfel nach Belieben
einige Minzblätter und Limetten zum Dekorieren

1. 4 Limetten, Minzzweige und Zucker in den Mixtopf geben, **15 Sekunden / Stufe 6** zerkleinern. Das Garkörbchen einhängen und als Sieb verwenden, die Flüssigkeit in ein anderes Gefäß abgießen und dann die zerkleinerten Limetten entsorgen.

2. Die Limettenmischung, Tonicwater und Maracujasaft in den Mixtopf geben und **5 Sekunden / Stufe 3** vermischen.

3. In 4 Cocktailgläser jeweils 1 EL braunen Zucker, ein Limettenviertel, einige Minzblätter und Eiswürfel nach Belieben schichten und mit dem Limetten-Tonic-Maracuja-Gemisch auffüllen. Sofort genießen!

Cosy
& Trendy

Matcha Latte

1 Portion
Zubereitungszeit: 3 Minuten

200 g Milch, 3,5 % Fett
20 g Honig
2 g Matchapulver

1. Schmetterling in den Mixtopf einsetzen und Milch, Honig und Matchapulver in den Mixtopf geben, **3 Minuten / 80 °C / Stufe 4** erwärmen.

2. Umfüllen und genießen!

Tipp: Matcha ist ein fein vermahlener spezieller Grüntee, der sanfter wach macht als Kaffee, da die Wirkung des enthaltenen Koffeins langsamer einsetzt und länger anhält.

Weitere Neuerscheinungen bei der Edition Lempertz

Alexander Pestl

Geschenkideen

Aus der Küche mit dem Thermomix®

120 Seiten, Format: 19 x 23 cm, Flexocover,
durchgehend farbig bebildert,
ISBN: 978-3-96058-383-7, **EUR 14,99**

Bereits erschienen

Alex und Tina sind die sympathischen Gesichter hinter dem 2014 gegründeten Foodblog »Habe-ich-selbstgemacht.de«. Mittlerweile umfasst der Blog schon mehrere hundert Rezepte. Für dieses Buch haben sie in ihrem Fundus gestöbert und zusätzlich ganz neue Rezepte entwickelt, die es noch nicht auf ihrem Blog zu finden gibt! Entstanden ist eine wunderbare Sammlung an Geschenkideen aus der Küche für jeden Anlass: Selbstgemacht, nicht gekauft. Verblüffend einfach, ohne Geschmacksverstärker und Konservierungsstoffe und viele davon zudem noch gesund: einfach gemixt im Thermomix®!

Sylvia Lühert / Dorothee Holsten

Winzerküche

136 Seiten, Format: 21 x 26 cm, Hardcover,
durchgehend farbig bebildert,
ISBN: 978-3-96058-340-0, **EUR 19,99**

Bereits erschienen

Sylvia Lühert und Dorothee Holsten eint so einiges: Sie verbindet eine enge Freundschaft, sie wohnen an der herrlichen Terrassenmosel bei Koblenz, kochen leidenschaftlich gern für das MIXX-Magazin und lieben die deftige Winzerküche.

Doch lassen sich die traditionellen Gerichte aus Straußenwirtschaft, Weinberg & Co. in modernes Kochen mit dem Thermomix® übersetzen?

Dieses Kochbuch beweist es: Was laut Zeitachse erst einmal widersprüchlich wirkt, bringen die beiden auf delikate Weise zusammen.

Teils historisch überlieferte Rezepte kommen in diesem Kochbuch pfiffig verfeinert daher, regionalen Produkten wurde das Feinschmecker-Krönchen aufgesetzt. Riesling, Weinbergpfirsich und Trester helfen dabei. Und natürlich der Thermomix® als geschätzter Dreh- und Angelpunkt für modernes Kochen.